D0855018

PARAMAHANSA YOGANANDA
(1893-1952)

PARAMAHANSA
YOGANANDA

POR QUÉ DIOS
PERMITE EL MAL
Y
CÓMO SUPERARLO

Self-Realization Fellowship
FOUNDED 1920
Paramahansa Yogananda

RESEÑA DEL LIBRO: Las conferencias que aparecen en esta obra se publicaron inicialmente por *Self-Realization Fellowship* en la revista trimestral *Self-Realization*, la cual creó Paramahansa Yogananda en 1925. Estas conferencias las impartió el autor en los templos de *Self-Realization Fellowship* que él fundó en Hollywood y San Diego (California), y fueron registradas taquigráficamente por Sri Daya Mata, una de las primeras y más cercanas discípulas de Paramahansa Yogananda.

Título de la obra original en inglés publicada por
Self-Realization Fellowship, Los Angeles, California:
Why God Permits Evil and How to Rise Above It
ISBN 0-87612-461-9

Traducción al español: *Self-Realization Fellowship*
Copyright © 2006 *Self-Realization Fellowship*
Todos los derechos reservados

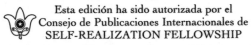

Esta edición ha sido autorizada por el
Consejo de Publicaciones Internacionales de
SELF-REALIZATION FELLOWSHIP

En todos los libros, grabaciones y demás publicaciones de SRF aparecen el nombre y el emblema de *Self-Realization Fellowship* (tal como se muestran en esta página), los cuales garantizan a las personas interesadas que una determinada obra procede de la sociedad establecida por Paramahansa Yogananda y refleja fielmente sus enseñanzas.

Primera edición en español: 2006 (cartoné)
Self-Realization Fellowship

ISBN-13 978-0-87612-285-3
ISBN-10 0-87612-285-3
Impreso en Corea del Sur

1727-J466

En este mundo, el bien y el mal son siempre complementarios. Todo cuanto ha sido creado conlleva necesariamente cierta apariencia de imperfección. ¿De qué otro modo hubiese podido Dios, la Perfección Absoluta, fragmentar su conciencia única en las formas de la creación que fuesen diferentes de Él Mismo? No pueden existir imágenes de luz sin sombras de contraste. Si el mal no hubiera sido creado, el ser humano no conocería su opuesto, el bien. La noche acentúa el resplandeciente contraste del día; el dolor destaca el atractivo del gozo. Aunque el mal ha de acontecer, ¡ay de aquel que se convierta en su instrumento! Quien sea seducido por el engaño y desempeñe el papel de villano habrá de padecer el lamentable destino kármico que corresponde a los villanos, mientras que el héroe recibirá la sagrada recompensa de su virtud. Conociendo esta verdad, debemos evitar el mal; al entregarnos al bien, finalmente nos elevamos hasta el supremo estado de conciencia divina, que trasciende el bien y el mal.

Paramahansa Yogananda

Índice

Por qué Dios permite el mal y cómo superarlo

Capítulo I

POR QUÉ EL MAL FORMA PARTE DE LA CREACIÓN DE DIOS

———

¿Cuál es el origen del mal?

Algunas personas afirman que Dios no conoce el mal, debido a que no pueden explicar por qué un Dios que es bueno permite los robos, los asesinatos, la enfermedad, la pobreza y otros terribles sucesos que continuamente tienen lugar en la Tierra. Estas desgracias constituyen, sin duda, un mal que nos aqueja,

Selecciones de una conferencia impartida el 17 de noviembre de 1946. La charla completa figura en el libro de Paramahansa Yogananda, *El Amante Cósmico — Charlas y ensayos, Vol. II*, publicado por *Self-Realization Fellowship*.

pero ¿son un mal para Dios? En caso de que así fuese, ¿por qué permitiría Dios dicho mal? Y si el mal no viene de Él, que es el Supremo Creador de todas las cosas, ¿de dónde proviene? ¿Quién creó la codicia? ¿Quién creó el odio? ¿Quién creó los celos y la ira? ¿Quién creó las bacterias nocivas? ¿Quién creó la tentación sexual y la tentación de la gula? No se trata de invenciones humanas. El hombre jamás las habría experimentado si no hubieran sido previamente creadas.

Hay personas que pretenden demostrar que el mal no existe, o que se trata de un factor meramente psicológico, pero no es así. La evidencia del mal se encuentra aquí, en el mundo, y no podemos negarla. Si no existiera el mal ¿por qué habría Jesús orado: «y no nos dejes caer en tentación, mas líbranos del mal»[1]? Él está afirmando claramente que el mal existe.

Lo cierto es que realmente encontramos el mal en el mundo. ¿Y de dónde proviene? De

[1] *San Mateo* 6:13.

Dios[2]. El mal nos brinda el contraste que nos permite reconocer y experimentar el bien. Dondequiera que se manifieste la creación también existirá el mal. Si escribieras un mensaje con tiza blanca sobre una pizarra blanca, nadie lo vería.

Por lo tanto, sin el oscuro pizarrón del mal, las cosas buenas del mundo no podrían destacarse en absoluto. Por ejemplo, Judas fue el mejor agente publicitario de Jesús. Mediante su malvado acto, Judas hizo a Cristo eternamente famoso. Jesús conocía el papel que debía desempeñar, así como todo lo que le ocurriría, a fin de que pudiera demostrar el amor y la grandeza de Dios; y se necesitaba un villano para representar esta escena. No obstante, para Judas no fue beneficioso elegir ser aquel cuyo malvado acto ensalzó, por contraste, la gloria del triunfo de Cristo sobre el mal.

[2] «Yo soy Yahvé, no ningún otro; yo modelo la luz y creo la tiniebla, yo hago la dicha y creo la desgracia, yo soy Yahvé, el que hago todo esto» (*Isaías*, 45:6-7).

¿Dónde se encuentra la línea divisoria entre el bien y el mal?

Es difícil saber dónde se encuentra la línea divisoria entre el bien y el mal. Ciertamente, es terrible que las bacterias maten a dos mil millones de personas cada cien años; ¡pero piensa en el caos que supondría la superpoblación si no existiera la muerte! Y si todo en la Tierra fuera bueno y perfecto, nadie consentiría en abandonarla: nadie querría retornar a Dios. Por lo tanto, en cierto sentido, la desgracia es tu mejor amiga, porque te impulsa a buscar a Dios. Cuando empieces a ver con claridad la imperfección del mundo, comenzarás a buscar la perfección de Dios. Lo cierto es que Dios no utiliza el mal para destruirnos, sino para que en este mundo nos desengañemos de sus juguetes y podamos así buscarle.

Éste es el motivo por el que el Señor mismo permite las injusticias y el mal. Pero yo le he reprochado: «Señor, Tú nunca has sufrido; siempre has sido perfecto. ¿Cómo sabes lo que significa el sufrimiento? Sin embargo, nos haces pasar por estas pruebas, aunque no tienes derecho a hacerlo. Nosotros no te hemos pedido nacer como mortales y sufrir». (A Dios no le importa que discuta con Él; es muy paciente). Y el Señor responde: «No necesitas seguir sufriendo; les he conferido a todos el libre albedrío para elegir el bien en lugar del mal, y así volver a Mí».

Así pues, el mal es la prueba que Dios nos pone para confirmar si le elegimos a Él o preferimos sus regalos. Él nos creó a su imagen y nos dio el poder de liberarnos; pero no utilizamos ese poder.

———◆———

La película cósmica

Existe otro punto de vista que deseo explicar con respecto a la dualidad constituida por el bien y el mal. Si un productor cinematográfico realizara películas que tratasen únicamente sobre ángeles, y las exhibiera en las salas de cine todos los días —en las sesiones de mañana, tarde y noche—, pronto se vería obligado a cerrar su negocio. Sus producciones deben tratar temas variados para que atraigan la atención del público. ¡El malo siempre hace parecer mucho más bueno al héroe! Y nos gustan los argumentos llenos de acción. No nos importa ver emocionantes películas sobre peligros y desastres porque sabemos que sólo son películas. Recuerdo que una vez me llevaron a ver una película en la cual moría el héroe; ¡era una verdadera tragedia! Tras acabar la proyección, permanecí en la sala hasta que comenzó la siguiente sesión de la película y vi al héroe nuevamente vivo; me retiré entonces del cine.

Si pudieras ver lo que ocurre detrás de la pantalla de esta vida, no sufrirías. Se trata de un espectáculo cinematográfico cósmico. Esta película que Dios proyecta sobre la pantalla de la Tierra no tiene valor alguno para mí. Miro el haz de la luz de Dios, que proyecta estas escenas en la pantalla de la vida, y veo que las películas de todo el universo provienen de ese haz luminoso.

En otra ocasión, estaba yo sentado en una sala de cine, contemplando el emocionante drama que se desarrollaba en la pantalla. Miré luego hacia la cabina de proyección y vi que el operador de la cabina no mostraba el menor interés en la película, debido a que ya la había visto muchísimas veces. En lugar de mirar la pantalla, aquel hombre estaba leyendo un libro. La máquina proyectora hacía su trabajo: había sonido y el haz de luz llenaba la pantalla con escenas realistas, de modo que el público se encontraba atrapado por el drama. Yo pensé: «Señor, Tú eres como ese hombre que está sentado en la cabina de proyección, pues permaneces absorto en tu propia naturaleza de dicha, amor y sabiduría. Tu máquina de la ley cósmica arroja sobre la pantalla del universo escenas de celos, de amor, de odio y de sabiduría, pero Tú permaneces sin involucrarte en tus espectáculos». De edad en edad, de civilización en civilización, se repiten las mismas películas antiguas, una y otra vez; sólo cambian los personajes que representan los distintos papeles. Pienso que Dios debe de aburrirse un poco con todo esto, y que debe de estar cansado de tanta repetición. ¡Es un milagro que el Señor no tire del enchufe y detenga el espectáculo!

Cuando aparté la vista del haz de luz que proyectaba las escenas de acción sobre la pantalla, miré al público que se encontraba en la sala y vi que estaban experimentando todas las emociones que los actores representaban en la película. Sufrían con el héroe y reaccionaban ante la maldad del villano. Para los espectadores, se trataba de una experiencia trágica. Para el operador de la cabina de proyección, sólo era una película. Y así ocurre con Dios. Él ha creado películas de luces y sombras, al héroe y al villano, el bien y el mal, y nosotros somos el público y los actores. Tenemos problemas sólo porque estamos demasiado identificados con la puesta en escena.

Sin sombras o sin luces, no podría haber película. El mal es la sombra que convierte el haz único de la luz de Dios en películas o formas. Por consiguiente, el mal es la sombra de Dios que hace posible este espectáculo. Las sombras oscuras del mal están entremezcladas con el haz luminoso, blanco y puro, de las virtudes de Dios. Él quiere que no te tomes estas películas muy en serio. El director de una película ve los asesinatos y el sufrimiento, la comedia y el drama, como formas de crear un interés en el público. Él permanece sin afectarse por la escena, aunque la dirige y la observa. Dios desea que nos comportemos con desapego y que tomemos plena conciencia de que sólo somos actores o espectadores de su drama cósmico.

Aunque Dios lo posee todo, podríamos atrevernos a decir que Él tiene un deseo: Él desea saber quién no se dejará intimidar por esta película, y quién representará correctamente su papel y volverá a Él. No puedes huir de este universo, pero si actúas en esta obra con la mente fija en Dios, serás libre.

Para quien conoce a Dios, no existe el mal

No serán los científicos ni las personas de mente materialista las que encuentren el camino hacia la suprema felicidad, sino quienes sigan a los maestros que afirman: «Vuelve a la cabina del Infinito, desde la cual puedes ver la proyección de todas las películas cósmicas. Entonces, la creación de Dios con su espectáculo cósmico dejarán de perturbarte».

Mi único interés hacia la gente es ayudar. Y mientras haya un soplo de aliento en mis pulmones, trataré de ayudar a los demás y exhortarles a escapar de esta película plagada de engaño. Ahora sufres porque formas parte de ella. Debes permanecer apartado y observarla; así no sufrirás. Cuando adoptas el papel de espectador, puedes disfrutar de esta representación. Eso es lo que debes aprender. Para Dios, esto es sólo una película, y cuando te vuelvas hacia Él, también para ti será una película.

Relataré una pequeña historia. Un rey se durmió y soñó que era pobre. En su sueño, mendigaba una moneda para poder comer. Finalmente, la reina lo despertó y le preguntó: «¿Qué te pasa? Las arcas de tu tesoro están llenas de oro y, sin embargo, gimes por una moneda».

Entonces, el rey dijo: «¡Oh, qué necio he sido! Pensé que era un mendigo y que estaba muriéndome de hambre por carecer de aquella moneda».

Ése es el engaño que sufre toda alma que sueña que es mortal y que, por lo tanto, se ve sujeta a las pesadillas de todo tipo de males: enfermedades, sufrimientos, problemas y pesares. La única forma de escapar de esta pesadilla es aferrarse más a Dios y apegarse menos a las imágenes oníricas de este mundo. Tú sufres porque has puesto tu atención en las cosas equivocadas. Si entregas tu corazón a otro ser humano, a la bebida, a la codicia o a las drogas, sufrirás; se te romperá el corazón. Debes poner tu corazón en Dios. Cuanto más busques la paz en Él, tanto más consumirá esa paz todas tus preocupaciones y sufrimientos.

Sufres porque te has vuelto demasiado susceptible a los males de este mundo. Debes aprender a ser espiritualmente invulnerable, y espiritualmente fuerte. Haz todo lo que debas hacer, y disfruta de lo que hagas, pero afirma en tu interior: «Señor, yo soy tu hijo, hecho a tu imagen. No quiero otra cosa más que a Ti». El devoto que sigue este principio, y que alcanza esta comprensión, comprobará que, para él, no hay mal en este mundo.

———

«No existe crueldad alguna en el plan de Dios, ya que, a sus ojos, no hay bien ni mal: hay sólo películas cinematográficas, compuestas de luces y sombras. El Señor esperaba que nosotros contemplásemos las escenas duales de la vida tal como lo hace Él: el eternamente dichoso testigo de un magnífico drama cósmico.

»El hombre se ha identificado falsamente con su pseudo-alma, el ego. Cuando transfiere su sentido de identidad a su verdadero Ser —el alma inmortal— descubre que todo dolor es irreal, y entonces ya ni siquiera puede imaginarse el estado de sufrimiento».

Paramahansa Yogananda
en *«Máximas de Paramahansa Yogananda»*

Capítulo II

POR QUÉ DIOS CREÓ EL MUNDO

———◆———

Cuando estás leyendo una novela muy intere-
sante, ves cómo el bien y el mal se oponen entre
sí, y cuando el mal se encuentra ganando la con-
tienda, piensas que es terrible. Por ejemplo, en un
capítulo, el héroe está a punto de ser asesinado;
pero en el siguiente, la situación se soluciona y
el héroe se salva. Debes entender que cada vida
es una novela magistral escrita por Dios. No
te corresponde tratar de comprenderla, pues
te verías derrotado por las limitaciones de tu

Selecciones de una conferencia impartida el 16 de
diciembre de 1945. La conferencia completa figura
en el libro de Paramahansa Yogananda *Journey to
Self-realization (Collected Talks and Essays, Volume III)*,
publicado por *Self-Realization Fellowship*.

inteligencia, la cual sufre el engaño de *maya*. Primeramente, vence el engaño y experimenta tu unión con Dios; después, comprenderás por qué creó Él este mundo[1].

Pero es verdad que tenemos el derecho de preguntarle por qué lo hizo. Y existen muchas, muchas razones. En primer lugar, resultaría inconcebible que el mundo fuese una necesidad para Él, pues, en ese caso, Dios sería imperfecto:

[1] *Maya* es el poder de engañar inherente a la estructura de la creación, en virtud del cual el Uno adopta la apariencia de muchos. *Maya*, el principio, denota relatividad, contraste, dualidad, inversión, estados opuestos; es el «Satanás» (literalmente, «el adversario» en hebreo) de los profetas del Antiguo Testamento.

Paramahansa Yogananda ha escrito: «La palabra sánscrita *maya* significa "la medidora"; es el poder mágico existente en la creación, mediante el cual lo Inmensurable e Indivisible parece contener limitaciones y divisiones. [...] En el plan y juego *(lila)* de Dios, la única función de Satanás o *maya* es el tratar de alejar al hombre del Espíritu y de la Realidad, empujándole hacia la materia y la irrealidad. [...] *Maya* es el velo de la transitoriedad presente en la Naturaleza: el perpetuo devenir de la creación. Cada hombre debe levantar este velo para ver, tras él, al Creador: el ser Inmutable, la Realidad eterna».

tendría algo que lograr a través de éste. Además, contamos con el testimonio de los santos quienes afirman que Él es perfecto; y yo también doy ese testimonio, a partir de mi propia experiencia, porque he comulgado con Él.

Este mundo es el pasatiempo de Dios

Dado que Dios es perfecto y no necesita el mundo para su evolución, éste constituye, por lo tanto, una especie de pasatiempo para Dios. Por ejemplo, existen dos géneros de artistas: uno es el de los artistas comerciales, que obtienen ganancias del arte; y el otro tipo es el de aquellos que crean obras de arte sin pretensiones ni valor comercial alguno, tan sólo para su propio goce. Ahora bien, no podemos pensar que Dios es una entidad comercial, ya que no espera ninguna ganancia de su artística creación. De manera semejante, las personas acaudaladas adoptan, a veces, costosos pasatiempos especiales sólo porque pueden permitírselo. Yo conocí a una persona de esa naturaleza en Cincinnati; su pasatiempo era una enorme granja. Cuando le hice una visita como invitado, comenté: «El producto de su granja no alcanza para sufragar los gastos, ¿verdad?». Él respondió: «Así es. Este huevo que estoy comiendo me costó noventa centavos. Podría comprar uno en el mercado por unos pocos centavos».

De la misma forma, este mundo es un pasatiempo de Dios. Pero no tiene gracia para los que sufren en él. Con frecuencia, le digo al Señor: «Si querías un pasatiempo, ¿por qué creaste el dolor y el cáncer, y las terribles emociones vinculadas a ellos?». Por supuesto, no estoy en este mundo para indicarle al Señor lo que debe hacer. Lo sé, pero humildemente discuto con Él.

Él sonríe, y me responde: «En el último capítulo, todos conocerán las respuestas a estas interrogantes».

Ahora bien, yo conozco la respuesta, pero abogo ante Dios en nombre de los que no la saben: «Tal vez sea una obra de teatro para Ti, Señor, pero significa desgracia y muerte para los que no comprenden que se trata sólo de una obra teatral. Dos personas se casan, y piensan que

17

encontrarán el amor perfecto; luego, una de ellas fallece y ¡qué tragedia! O alguien que ha amasado una gran fortuna cree que es feliz; después se entera de que la bolsa de valores se ha desplomado y, en medio de su desesperación, salta por la ventana. ¡Qué terrible! Y en las trampas para los sentidos que se hallan en el sexo, las bebidas alcohólicas y el dinero acecha la tentación no sólo desde el exterior sino, también, desde el interior de cada una de sus víctimas. ¿Cómo podrá el ser humano justificar todo esto? ¿Y por qué existen los criminales, los alienados y todo tipo de espantosas maquinaciones, Señor? ¿Por qué hay gérmenes que matan a tantas personas cada año? Si amontonáramos los huesos de aquellos que fallecen a causa de enfermedades, esa pila sería tan alta como el Himalaya; y, aun así, significa un entretenimiento para Ti, Señor. ¿Qué me dices de las víctimas de tu pasatiempo?».

Y el Señor responde: «He creado a todos los seres humanos a mi imagen y semejanza. Si tú sabes que eres parte de Mí, puedes vivir en este mundo y disfrutar de él tal como Yo lo hago».

Ésta es la respuesta concluyente: no vemos el mundo como Dios lo ve.

Debes ver con los ojos abiertos de la sabiduría y la calma

Pondré un ejemplo de cómo las cosas fueron estropeándose en la creación. Si en este momento yo cerrase los ojos y comenzara a bailar sin control alguno, olvidando todo lo que está a mi alrededor y las limitaciones de mi ceguera, me llamarías la atención diciéndome: «¡Cuidado! ¡Te vas a caer o a golpear contra algo!». Pero supón que yo insisto: «No, estoy bien». Entonces, tropiezo, me caigo y me fracturo una pierna; luego sollozo y pregunto: «¿Por qué me sucedió esto a mí?». Y tú responderás: «Bien, ¿por qué cerraste los ojos y trataste de bailar a ciegas?». A lo que yo replicaría: «¡Oh, mi Dios! ¿Por qué bailé con los ojos cerrados?».

Dado que tus ojos están cerrados, no puedes sino pensar que el mundo es terrible. Pero si mantienes abiertos los ojos de la sabiduría y la calma, comprobarás que es posible disfrutar

mucho en este mundo, como cuando se ve una
película.

Poseemos libre albedrío para enredarnos en el drama o para superarlo

Podemos afirmar que Dios creó la Tierra no
sólo como un pasatiempo, sino también porque
Él quería hacer almas perfectas que evolucio-
naran hasta volver a Él. Las envió aquí bajo
el manto del engaño, o *maya,* pero dotadas de
libertad. Ése es el mayor don de Dios. Él no
ha negado a la humanidad el libre albedrío
que Él mismo posee. Y ha concedido al ser
humano libertad para ser bueno o malo, y para
hacer todo aquello que desee —incluso negar
a Dios—. Tanto el bien como el mal existen,
pero nadie te obliga a ser malo a menos que
elijas practicar el mal; y nadie puede forzarte a
ser bueno, a menos que decidas ser bueno. Dios
nos creó con la capacidad de hacer uso de sus
dones de inteligencia y libre albedrío, mediante
los cuales podemos decidir volver a Él. Sin lugar a duda, Dios quiere llevarnos de regreso a

Él cuando estemos dispuestos a hacerlo. Somos como el hijo pródigo al que se refiere la Biblia, y Dios se encuentra llamándonos constantemente para que retornemos a Casa.

El ideal de toda vida humana debe ser comportarse bien, ser feliz y encontrar a Dios. Nunca lograrás la felicidad salvo que encuentres a Dios. Por eso dijo Jesús: «Buscad primero el Reino de Dios»[2]. Ése es el propósito de nuestra existencia: que procuremos convertirnos en buenas personas, en seres perfectos, y que utilicemos nuestro libre albedrío para elegir el bien en lugar del mal. Dios nos ha conferido todo el poder necesario para lograrlo. La mente se asemeja a una banda elástica: cuanto más exiges de su capacidad, más se estira. La mente--elástico jamás se rompe. Así pues, cada vez que te sientas limitado, cierra los ojos, y afirma mentalmente: «Soy el Infinito». Comprenderás entonces cuán grande es tu capacidad.

Ni el goce de los sentidos ni el goce de las

[2] *San Mateo* 6:33.

21

posesiones pueden igualar el gozo de Dios. A pesar de que Él lo tenía todo, de una eternidad a otra, comenzó a pensar: «Soy todopoderoso, y soy el Gozo mismo, pero no hay nadie más que pueda disfrutarme». Y, mientras comenzaba a crear, pensó: «Haré almas a mi imagen y semejanza, y las vestiré como seres humanos dotados de libre albedrío, a fin de comprobar si buscan mis dones materiales y sucumben a la tentación del dinero, el alcohol y el sexo; o si buscan el gozo de mi conciencia que extasía billones de veces más». El hecho que me produce mayor satisfacción es que Dios es muy justo y equitativo. Él le confirió al ser humano libertad para aceptar su amor y vivir en su gozo, o para rechazar esto y vivir en el engaño, haciendo caso omiso de su divina presencia.

A pesar de que todo lo creado pertenece a Dios, existe sólo una cosa que Él no posee: nuestro amor. Cuando Él nos creó, en verdad tenía algo que lograr, y eso es nuestro amor. Podemos negarle ese amor o prodigárselo; y Él esperará eternamente hasta que estemos dispuestos a ofrecérselo. Cuando lo hagamos, cuando el hijo pródigo regrese a Casa, se sacrificará el ternero cebado de la sabiduría y habrá gran regocijo. Cuando un alma retorna a Dios, existe, en verdad, júbilo entre todos los santos del cielo. Tal es el significado de la parábola del hijo pródigo que narró Jesús.

Obsérvate desde el palco de la introspección

La vida tiene un significado mucho mayor del que crees. Y si todo lo del mundo parece tan real, ¡cuánto más debe serlo la Realidad que ha creado esta realidad irreal! Pero la realidad irreal hace que olvides lo Real. Dios desea que recuerdes que nada te afectaría en este mundo si lo considerases como una película. Incluso si los frágiles huesos del cuerpo se fracturaran, dirías: «Bien, mira todos esos huesos rotos», y no sentirías inquietud alguna ni sufrimiento. Podrás decirlo cuando estés anclado en la Conciencia Divina. Te burlarás de tus hábitos, y te divertirán las características que te distinguen, como si desde el palco de la introspección te observaras actuar en la película de la vida. Yo lo hago todo el tiempo. Cuando sabes que el mundo es la *lila* de Dios —su obra teatral—, no te incomodan los contrastes de este drama en el que actúan el bien y el mal.

En un sueño puedes contemplar a personas ricas y pobres, a individuos robustos y a otros que se lamentan por su enfermedad, a alguien que agoniza y a uno que nace. Pero al despertar, te das cuenta de que sólo fue un sueño. Este universo es el sueño de Dios. Y cuando le pregunto al Señor: «¿Por qué no sueñas sólo sueños hermosos? ¿Por qué tu obra teatral está plagada de pesadillas?». Él replica: «Debes ser capaz de disfrutar tanto de las pesadillas como de las experiencias hermosas, puesto que ambas son sueños —sólo sueños—. Pero si tuvieses sólo sueños bellos, te sumergirías en su belleza y jamás desearías despertar». Ésa es la respuesta. Por consiguiente, no deben atemorizarte las pesadillas cuando se presentan; por el contrario, afirma: «Señor, es un sueño pasajero. No es real». Y toda vez que sonrías porque dispones de abundante salud y felicidad, afirma: «Señor, es un bello sueño, pero haz lo que quieras con los sueños que experimento en mi vida». Cuando no te afecten las pesadillas de la enfermedad, el sufrimiento o las preocupaciones, ni te aten los sueños hermosos, Dios te dirá entonces: «¡Despierta, ahora! ¡Vuelve a Casa!».

———

Distingue lo real de lo irreal

En mi niñez, solía soñar que un tigre me perseguía; yo gritaba que el tigre me tenía agarrado de una pierna. Mi madre venía y me despertaba del sueño: «Mira, no te ha sucedido nada —me explicaba ella—. No hay ningún tigre. Tu pierna está bien». Como resultado de ese sueño infantil, tuve la primera experiencia maravillosa que Dios me concedió; la última vez que experimenté ese sueño, me dije: «Es un viejo truco. Ningún tigre quiere atrapar mi pierna». Y, de inmediato, salí de aquel sueño, que desapareció y jamás se volvió a repetir. A partir de ese momento, permanecí vigilante, aun en sueños, para poder distinguir lo irreal de lo Real.

Los santos se caracterizan por estar medio despiertos y medio soñando: por un lado, se hallan despiertos en Dios y, por otro lado, sueñan su encarnación. Pero rápidamente pueden salir de ese sueño. Cuando mi cuerpo experimenta algún daño o dolor, concentro la mirada y la mente aquí, en el *Kutastha*, o centro de la conciencia crística, situado en el entrecejo, y entonces dejo de sentir dolor; al poco tiempo, ni siquiera veo ni siento el cuerpo[3].

[3] La «Conciencia Crística» es la conciencia de Dios proyectada en forma inmanente en la creación entera. En las escrituras cristianas se la llama «el hijo unigénito», el único y puro reflejo de Dios Padre en la creación. En las escrituras hindúes se la denomina *Kutastha Chaitanya* o *Tat*, la inteligencia cósmica del Espíritu presente en toda la creación. Es la conciencia universal, la unión con Dios, manifestada por Jesús, Krishna y otros avatares. Los grandes santos y los yoguis la conocen como *samadhi*, el estado de meditación en el cual la conciencia se identifica con la inteligencia existente en cada partícula de la creación; ellos sienten el universo entero como su propio cuerpo.

Así pues, recuerda que Dios está soñando este mundo. Y si permanecemos en sintonía con Él, llevaremos una vida en la que nos mantendremos divinamente extasiados y nada nos perturbará. Contemplaremos el drama cósmico del mismo modo que observamos las películas en una sala de cine, sin que nos dañen. Dios nos creó para que, absortos en su gozo eterno, pudiéramos soñar como Él lo hace, disfrutando de este sueño con todas sus diversas experiencias, considerándolas como un esparcimiento y sin que nos afecten.

———————

«"¿No sabéis que sois el templo de Dios y que el Espíritu de Dios habita en vosotros?"[4]. Si puedes iluminar y expandir tu mente por medio de la meditación, y recibir a Dios en tu conciencia, también te liberarás de la ilusión que representan la enfermedad, las limitaciones y la muerte».

Paramahansa Yogananda
en *«El Amante Cósmico»*

———

[4] *I Corintios* 3:16.

Una oración respondida...

Cierto día entré en un cine para presenciar una película de los campos de batalla europeos. La Primera Guerra Mundial seguía librándose y produciendo estragos en el frente occidental: la película registraba la mortandad con tanto realismo que salí de la sala con el corazón acongojado. «¡Señor! —oré—. ¿Por qué permites tal sufrimiento?».

Con gran sorpresa de mi parte, recibí una respuesta inmediata, en la forma de una visión real de los campos de batalla europeos. Las escenas, llenas de cadáveres y de moribundos, sobrepasaban en ferocidad a cualquiera de las del cine.

«Mira atentamente —habló una suave voz en mi conciencia interna—; verás que estas escenas que ahora se desarrollan en Francia no son más que un juego de claroscuros. Son las películas del cinematógrafo cósmico, tan reales o irreales como la película que acabas de presenciar en el cine: un drama dentro de otro drama».

Pero mi corazón aún no estaba tranquilo. La voz divina continuó: «La Creación es luz y sombra a la vez; de otra manera, la película no sería posible. El bien y el mal de *maya* deben siempre alternarse en su supremacía. Si el gozo fuese continuo en este mundo, ¿buscaría el hombre algún otro? Sin sufrimiento, difícilmente trata de recordar que ha abandonado su eterno hogar. El dolor es un aguijón al recuerdo. El medio de escape es la sabiduría. La tragedia de la muerte es irreal; aquellos que tiemblan ante ella son como un actor ignorante que muere de miedo en el escenario, cuando solamente le ha sido disparado un cartucho vacío. Mis hijos son los hijos de la luz; ellos no dormirán para siempre en la ilusión».

Aun cuando yo había leído relatos de las escrituras sobre *maya*, no me habían aportado la profunda comprensión interna que me proporcionaron las visiones personales y las consoladoras palabras que las acompañaron. La noción de los propios valores resulta profundamente transformada cuando por fin está uno convencido de que la creación es sólo un inmenso cinematógrafo, y que no es dentro de ella, sino más allá de ella, donde yace su propia realidad.

Paramahansa Yogananda
en *«Autobiografía de un yogui»*

«*El yoga es esa ciencia mediante la cual el alma obtiene el dominio sobre los instrumentos del cuerpo y de la mente, y los utiliza para obtener la percepción de su Ser interior, es decir, el renacer de la conciencia de su naturaleza trascendente e inmortal, que es una con el Espíritu. En su calidad de ser individualizado, el alma ha descendido de la universalidad del Espíritu y se ha identificado con las limitaciones del cuerpo y la conciencia de los sentidos.*

»*Cuando centres la conciencia, la percepción y el sentimiento, no en el cuerpo ni en la mente sino en el alma —que es tu verdadero ser, trascendente e inmortal—, alcanzarás el dominio que posee el yogui sobre la vida y la victoria sobre la muerte*».

Paramahansa Yogananda

Capítulo III

UN MUNDO DE
ENTRETENIMIENTO CÓSMICO

———◆———

El mundo es el divino juego de Dios

Los *rishis* de la antigua India, que profundizaron en la comprensión de la Causa Original de la Existencia, declaran que Dios es perfecto, que Él nada necesita, porque todo está contenido dentro de Sí Mismo, y que este mundo es la *lila* de Dios, es decir, su divino juego. Parece

———

Selecciones de una conferencia impartida el 9 de diciembre de 1945. La conferencia completa figura en el libro de Paramahansa Yogananda *Journey to Self-realization (Collected Talks and Essays, Volume III)*, publicado por *Self-Realization Fellowship*.

que al Señor —como a un niño pequeño— le encanta jugar, y su *lila* consiste en la interminable variedad de la siempre cambiante creación.

Yo solía razonar de este modo: Dios era Bienaventuranza infinita y omnisciente; sin embargo, al estar solo, nadie más que Él podía disfrutar esa Bienaventuranza. Entonces dijo: «Crearé un universo y me dividiré en múltiples almas para que puedan jugar Conmigo en mi drama evolutivo». Mediante el mágico poder divisor de *maya*, Él se volvió dual: Espíritu y Naturaleza, hombre y mujer, positivo y negativo[1]. Pero a pesar de que Dios ha creado un universo basado en la ilusión, Él no sucumbe al engaño de ésta. Él sabe que todas las cosas no son más que una diversificación de su singular Conciencia Cósmica. Las experiencias de los sentidos y las emociones, los dramas de la guerra y la paz, de la salud y la enfermedad, de la vida y la muerte, todos estos acontecimientos están sucediendo en Dios como el Soñador-Creador de todas las

[1] Véase la nota sobre *maya*, en la página 15.

cosas, mas no ejercen efecto alguno sobre Él. Una parte de su Ser Infinito permanece por siempre trascendente, más allá de las dualidades vibratorias: allí Dios se encuentra inactivo. Cuando Él hace vibrar su conciencia con pensamientos de diversidad, se vuelve inmanente y omnipresente como el Creador en el finito reino vibratorio de la infinitud: allí Él se encuentra activo. La vibración hace surgir objetos y seres que interactúan en el espacio al compás de los movimientos del tiempo, del mismo modo que las vibraciones de la conciencia del hombre hacen surgir los sueños cuando éste duerme.

Si alcanzamos la unión con Dios, nunca más sufriremos

Dios creó este universo onírico para entretenerse y entretenernos. Sólo tengo una objeción que hacer con respecto a la *lila* de Dios: «Señor, ¿por qué permitiste que el sufrimiento fuera una parte de este juego?». El dolor es muy desagradable y torturante, y hace que la existencia ya no sea un entretenimiento sino una tragedia.

En esa encrucijada es donde entra en juego la intercesión de los santos: ellos nos recuerdan que Dios es todopoderoso y que, si nos unimos a Él, nunca más resultaremos lastimados en esta sala de espectáculos del Señor. Somos nosotros quienes nos infligimos dolor cuando transgredimos las leyes divinas sobre las que Él sustenta todo el universo. Unirnos a Él es nuestra salvación. A menos que sintonicemos nuestra vida con Dios y comprendamos así que este mundo no es más que un entretenimiento cósmico, todavía habremos de sufrir. Parece que el sufrimiento es una disciplina necesaria para recordarnos que debemos buscar la unión con Dios. Desde esa unión, podemos disfrutar, al igual que Él, del entretenimiento de este fantástico drama.

Resulta maravilloso pensar con profundidad acerca de los temas que he mencionado. Constantemente me encuentro ahondando en esos reinos. Incluso mientras hablo, me hallo contemplando tales verdades. Sería realmente terrible que un Ser Todopoderoso nos hubiera arrojado a esta ilusoria existencia terrenal sin una vía de escape o sin proveernos de la capacidad para percibir lo que Él percibe. Pero no es así. Hay una salida. Cada noche, durante el sueño profundo, olvidas inconscientemente este mundo: para ti deja de existir. Y cada vez que meditas con profundidad, trasciendes en forma consciente el mundo: ya no existe para ti. Por eso los santos dicen que la unión con Dios es la única manera de comprender que no se le debe dar demasiada importancia a este mundo.

Si conocieses tu naturaleza inmortal, no te afectaría este drama

Podríamos decir que Dios jamás debería haber creado un mundo como éste, en el que hay tantos problemas. Pero, por otra parte, los santos afirman que eso no nos afectaría si supiésemos que somos dioses[2]. Cuando ves una película, ¿acaso no prefieres que tenga mucha acción en vez de una trama insípida? Así es

[2] «¿No está escrito en vuestra Ley: *Yo he dicho: dioses sois?*» (*San Juan* 10:34).

35

como debes disfrutar del mundo: considera la vida como si se tratara de una película; entonces sabrás por qué Dios la ha creado. Nuestro problema es que nos olvidamos de verla como el entretenimiento de Dios.

Dios ha dicho a través de las Escrituras que estamos hechos a su imagen. Desde ese punto de vista, podríamos contemplar este drama universal como una película, tal como Él lo hace, si tan sólo viésemos la perfección del alma que mora en nuestro interior y tomáramos plena conciencia de nuestra unión con la Divinidad. Entonces, esta película cósmica, con sus horrores de enfermedad y pobreza y bombas atómicas, no nos parecería más real que las experiencias inusuales de las que somos espectadores en un cine. Cuando terminamos de ver una película sabemos que nadie ha muerto, que nadie ha estado sufriendo. De hecho, esta verdad es la única explicación que encuentro cuando contemplo el drama de la vida. No se trata sino de un espectáculo eléctrico de siluetas, un juego de luces y sombras. Todo está constituido por la vibración de la conciencia de Dios condensada en imágenes electromagnéticas. La esencia de esas imágenes no puede ser cortada por una espada, ni quemada, ni ahogada, ni sufrir dolor alguno. No nace ni muere. Sólo pasa virtualmente por algunos cambios[3]. Si pudiésemos ver el mundo tal como Dios y los santos lo ven, nos liberaríamos de la aparente realidad de este sueño.

Despierta del sueño cósmico

Del mismo modo que cuando permaneces semidespierto puedes ver un sueño y saber que estás soñando —y discernir sin embargo que

---

[3] «El alma nunca ha nacido ni puede perecer jamás; su existencia carece de principio y final. No tiene nacimiento, es eterna, inmutable e incorruptible (inmune a los procesos asociados al paso del tiempo). El alma no muere cuando el cuerpo fenece. [...]

»Ningún arma puede herir al alma; ningún fuego puede quemarla, ni el agua humedecerla, ni el viento marchitarla. El alma es indivisible; no puede ser incinerada, ni humedecida, ni desecada. El alma es inmutable, serena e inamovible, es eternamente inalterable». (*God Talks With Arjuna: The Bhagavad Gita* II:20, 23-24).

eres ajeno a esa experiencia onírica—, así es como Dios siente este universo. Por un lado, Él se halla despierto en el siempre nuevo Gozo y, por otro lado, Él se encuentra soñando este universo. Así es como debes considerar este mundo; de esa manera sabrás por qué Él lo ha creado y no atribuirás sus circunstancias oníricas a tu alma. Si tienes una pesadilla, sabes que sólo se trata de un mal sueño. Si puedes vivir en el mundo en tal estado de conciencia, entonces no sufrirás. Esto es lo que el *Kriya Yoga* te brindará y lo que las Lecciones de *Self-Realization Fellowship* harán por ti si las practicas fielmente[4]. Debes concentrarte en estas enseñanzas y no en mi personalidad o en la personalidad de alguien más. Por otra parte, no se trata simplemente de leer estas verdades, sino de ponerlas en práctica. La lectura no te

---

[4] El *Kriya Yoga* es una sagrada ciencia espiritual que nació en la India hace milenios; comprende ciertas técnicas de meditación cuya práctica regular conduce a la percepción de Dios y que se enseñan a los estudiantes de las *Lecciones de Self-Realization Fellowship*.

convertirá en sabio, pero la percepción interior de las verdades sí lo hará.

Por esta razón no leo mucho. Mantengo mi mente en todo momento aquí, en el centro de la conciencia crística *[Kutastha]*. ¡Cuán diferente se ve el mundo a la luz omnipresente de la Inteligencia Cósmica! Algunas veces percibo todas las cosas como imágenes eléctricas; no existe el peso ni la masa en relación con el cuerpo. Leer acerca de las maravillas de la ciencia no te convertirá en un sabio, porque siempre te quedará muchísimo más por conocer. Lee del libro de la vida oculto en tu interior, en la omnisciencia del alma, justo detrás de la oscuridad de los ojos cerrados. Descubre ese reino ilimitado de la Realidad. Considera esta Tierra como si se tratara de un sueño y así comprenderás que no hay problema en que te recuestes en su lecho y sueñes el sueño de la vida. Entonces ya no tendrás inconveniente en hacerlo, porque sabrás que estás soñando.

Los instructores religiosos de Occidente predican la prosperidad, la felicidad y la salud, y prometen una vida llena de gloria en el más allá, pero no proporcionan instrucciones sobre cómo experimentar la Bienaventuranza Divina y no resultar afectados por el sufrimiento en el aquí y ahora. Ahí es donde profundizan más las enseñanzas de los grandes *rishis* de la India. Los occidentales han acusado a estos maestros de proponer una filosofía negativa acerca de la vida, es decir: no importa si sufres, no importa si eres feliz o no; niega el mundo. Por el contrario, la pregunta que hacen los maestros de la India es: «¿Qué harás cuando debas afrontar el dolor y el sufrimiento? ¿Llorarás lleno de desesperanza o practicarás en cambio las técnicas que te conferirán ecuanimidad y te ayudarán a trascender el sufrimiento mientras te ocupas de curar la dolencia?». Ellos te urgen a poner en práctica remedios dictados por el sentido común y a controlar simultáneamente las emociones, de modo que si pierdes la salud y sobreviene el dolor no te abandones a la desesperación. En otras palabras, hacen hincapié en la importancia de entronizarnos interiormente en la felicidad pura del alma; una felicidad que no puede ser mancillada ni por los caprichosos vientos de los bellos sueños de la vida ni por las corrosivas tormentas de las pesadillas. Quienes habitualmente se aferran a la conciencia material no desean hacer el esfuerzo que se requiere para alcanzar ese estado de invulnerabilidad. Cuando sobreviene el sufrimiento, no aprenden de él y, por eso, repiten los mismos errores.

No le prestes demasiada atención a las escenas cambiantes de la vida. Eres el Ser inmortal y sólo estás viviendo temporalmente en este sueño que algunas veces se torna una pesadilla. De eso trata la filosofía superior de los maestros de la India.

La excesiva sensibilidad emocional es la causa del sufrimiento

No seas excesivamente sensible. La sensibilidad emocional exagerada es la causa silenciosa de todo sufrimiento. Es una necedad involucrarse emocionalmente en la creación, pues de ese modo le estás otorgando poder como si fuese una realidad. El hecho de no meditar, de no sentarte en silencio para experimentar tu verdadera naturaleza divina, y permitir, en cambio, que te arrastre el eterno movimiento de la creación como si formaras parte de él, constituye una amenaza constante para tu felicidad. Tal vez algún día tu cuerpo se encuentre terriblemente enfermo y te des cuenta de que aun cuando quieras caminar, o realizar alguna de las cosas que solías hacer cuando eras más joven o saludable, ya no te resulta posible hacerlo; esta experiencia constituye una terrible desilusión para el alma. Antes de que ese día llegue, sé tan libre que puedas contemplar tu cuerpo con desapego y cuidar de él como si se tratara del cuerpo de otra persona.

Una de mis estudiantes padecía de una afección muy dolorosa en la rodilla, por la cual los huesos se le estaban deteriorando. Ignoro cuántas veces su pierna le fue operada y vuelta a recomponer; sin embargo, ella se refería al tema como si careciera de importancia: «Se trata de una operación menor», solía decir con toda tranquilidad. Pues bien, éste es el modo en que ha de tomarse la vida. Cultiva en tu mente una actitud que te permita vivir con mayor fortaleza mental.

Aun cuando no tengas la posibilidad de meditar en forma profunda y prolongada, piensa en todo momento que estás trabajando para Dios. Cuando tu mente sea capaz de permanecer anclada en Él, dejarás de sufrir; independientemente de cuántos padecimientos o enfermedades debas atravesar, éstos ya no podrán afectarte en tu interior. En ocasiones, cuando este cuerpo causa problemas, miro hacia adentro y todo se desvanece en la luz de Dios. Del mismo modo en que contemplas las imágenes cambiantes sobre una pantalla y disfrutas de la contrastante pugna entre las acciones buenas y malas, así como de los argumentos alegres y trágicos, de igual manera debes percibir este mundo: como un entretenimiento. Entonces dirás: «Señor, cualquier cosa que Tú hagas está bien». Pero en tanto no llegues a percibir conscientemente que todo es un sueño, no comprenderás por qué Dios ha creado este mundo.

Debes ser como el Señor,
tanto activo como inactivo

Pienso que Dios creó el universo porque quería mantenerse ocupado. ¡Que esto sea un incentivo para los aspirantes espirituales! Muchos creen que para hallar a Dios y apartarse de este sueño deben abandonar sus responsabilidades y buscar la soledad del Himalaya o de otros lugares similares totalmente solitarios; pero eso no es tan simple. La mente permanecerá todavía inmersa en los estados de ánimo negativos y la inquietud, y el cuerpo habrá de mantenerse muy activo simplemente para conservar el calor y satisfacer el hambre y otras necesidades. Te resultará más fácil encontrar a Dios en la jungla de la civilización, siempre que conserves el equilibrio entre la meditación y la actividad constructiva y responsable. Debes ser como el Señor, tanto activo como inactivo. En la creación, Él se mantiene gozosamente ocupado; más allá de la creación, Él permanece gozosamente sereno en la bienaventuranza divina. Como resultado de haberme esforzado por hallar a Dios en la meditación, disfruto de su divino gozo incluso en medio de la actividad y, por eso, ésta no me afecta en absoluto de un modo adverso. Aun cuando a veces pueda manifestar que no me agrada esto o aquello de las dualidades que me rodean, sin embargo permanezco en calma internamente y soy como el acero: «Calmadamente activo y activamente calmado, un príncipe de la paz sentado en el trono del equilibrio, gobernando el reino de la actividad».

Según todo parece indicar, a partir de la perfección, Dios creó seres imperfectos. Pero de hecho los seres imperfectos son perfectos: almas creadas a imagen de Dios. Todo lo que Dios desea de ti es que separes tus imperfecciones oníricas de tu Ser perfecto. Cuando piensas en tu vida mortal y en todos tus problemas y te identificas con ellos, cometes una gran injusticia contra la imagen de Dios que mora en tu interior. Debes afirmar y percibir la siguiente verdad: «No soy un ser mortal; soy Espíritu».

Tanto a través del bien como del mal, Dios nos está atrayendo de regreso hacia Él

Dios está tratando en todo momento de atraer a sus hijos de regreso hacia la perfección que es inherente a sus almas. Por esa razón, incluso en la gente malvada existe una búsqueda de Dios, aunque no se exprese como tal. ¿Podrías acaso encontrar alguna persona malvada que quiera obtener sufrimiento de sus acciones? No; lo que dicha persona piensa es que sus actividades le van a proporcionar una gratificación. Quien bebe alcohol o consume drogas cree que obtendrá placer de ello. En todo lugar las personas, tanto buenas como malas, están buscando —cada una a su modo— la felicidad. Nadie desea dañarse a sí mismo. ¿Por qué entonces la gente se comporta con maldad, lo cual inevitablemente les provoca dolor y sufrimiento? Tales acciones tienen su origen en el mayor de los pecados: la ignorancia. Es más correcto decir «malhechor» que «pecador». Puedes condenar las malas acciones, pero no debes condenar al que las realiza. Los pecados son errores cometidos bajo la influencia de la ignorancia o de la ilusión. Si no fuera porque cuentas con un grado diferente de entendimiento, tú también podrías hallarte en la misma situación. Dijo Jesús: «Aquel de vosotros que esté sin pecado, que le arroje la primera piedra»[5].

Lo que deseo señalar es que en todo cuanto hacemos estamos persiguiendo la felicidad. Nadie puede decir que realmente es un materialista, porque quienquiera que busque la felicidad está buscando a Dios. Por consiguiente, tanto en el bien como en el mal, Dios nos está atrayendo de regreso hacia Él, a través de nuestra búsqueda de la felicidad. El sufrimiento que el mal provoca hará que finalmente el descarriado retorne a los gozos de la virtud. Dado que la vida es de por sí una mezcla del bien y el mal, de bellos sueños y pesadillas, deberíamos buscar sueños hermosos y ayudar a crearlos, en vez de quedar atrapados en las temibles pesadillas.

[5] *San Juan* 8:7.

La verdadera sabiduría radica
en conocer a Dios

La mayoría de la gente reacciona ante la vida ya sea diciendo «¡Alabemos al Señor!» o bien urgiéndonos a temerle; también hay otros que le culpan o le maldicen. Pienso que esas actitudes son muy absurdas. ¿Qué puedes decirle a Dios que sea realmente una alabanza? Él no se deja conmover ni por las alabanzas ni por la adulación, ya que Él lo posee todo. Las personas con problemas son quienes ofrecen la mayoría de las oraciones. Algunas claman «¡Alabado sea Dios!», esperando recibir por ello algún favor. Puedes maldecir a Dios o alabarle; para Él no habrá diferencia. En cambio para ti sí la habrá: alábale —o mejor aún, *ámale*— y te sentirás mejor. Maldícele y eso será perjudicial para ti mismo. Cuando arremetes contra Dios estás actuando contra tu propia y verdadera naturaleza, contra la imagen divina a partir de la cual Dios te ha creado. Cuando obras en contra de tu naturaleza divina, automáticamente te castigas a ti mismo.

Desde mi niñez sentí rebeldía ante la vida, porque veía muchas injusticias. Pero ahora la única rebeldía que siento en mi interior tiene que ver con el hecho de que la gente no conozca a Dios. El mayor de los pecados es la ignorancia, el no saber en qué consiste la vida. Y la mayor de las virtudes es la sabiduría: conocer el significado y el propósito de la vida y de su Creador. Saber que no somos pequeños seres humanos, sino uno con Él: eso es sabiduría.

Cada noche, durante el sueño, Dios aleja de ti todos tus problemas para mostrarte que no eres un ser mortal, que eres Espíritu. Dios quiere que recuerdes esta verdad en el estado de vigilia para que ya no te dejes afectar por las dificultades de la vida. Si durante la noche podemos vivir perfectamente en el sueño profundo sin pensar acerca de esta tierra y sus problemas, también podemos perfectamente vivir en el mundo de la actividad creado por Dios sin quedar atrapados en este sueño. Aun cuando los universos oníricos se hallan flotando en la conciencia de Dios, Él permanece siempre despierto y sabe que está soñando. Lo que nos dice es: «No te dejes dominar por el pánico durante este estado de ensoñación; contémplame como la Realidad que se encuentra detrás del sueño». Cuando experimentes salud y gozo, sonríe en tu sueño. Cuando tengas una pesadilla de enfermedad o sufrimiento, di en cambio: «Estoy despierto en Dios, observando simplemente el espectáculo de mi vida». Entonces sabrás que Dios ha creado este universo como un entretenimiento para Sí Mismo y que tú, hecho a su imagen, tienes no sólo el perfecto derecho sino también la capacidad de disfrutar de este espectáculo con sus variados sueños —tal como Él lo hace.

Desecha el fantasma de la enfermedad y la salud, del sufrimiento y el gozo. Elévate por encima de ellos. Identifícate con tu Ser interior. Contempla el espectáculo del universo, pero no dejes que te absorba. Muchas veces he visto a mi cuerpo abandonar este mundo. ¡Me río de la muerte! Estoy listo en todo momento. La muerte no significa nada. La vida eterna me pertenece. Soy el océano de la conciencia. Algunas veces me transformo en la pequeña ola del cuerpo, pero jamás soy únicamente la ola separada del Océano de Dios.

La muerte y la oscuridad no pueden infundirnos temor, porque somos la Conciencia misma a partir de la cual Dios ha creado este universo. En el *Bhagavad Guita*, el Señor dice:

Aquel que me percibe como el No Nacido y el Sin Principio, y también como el Señor Soberano de la Creación, ese hombre ha conquistado la ilusión y ha alcanzado el estado libre de pecado, aun cuando todavía se halle revestido por el cuerpo mortal.

Yo soy la Fuente de todas las cosas; toda la creación emerge de Mí. Poseedores de esta realización, los sabios —arrobados— me adoran. Con el pensamiento absorto en Mí, con todo el ser entregado a Mí, iluminándose mutuamente, proclamando siempre mi nombre, mis devotos se hallan contentos y gozosos.

Por pura compasión, Yo, el Divino Morador, enciendo en ellos la radiante lámpara de la sabiduría, la cual disipa las tinieblas que surgen de la ignorancia.

Bhagavad Guita X:3, 8-9, 11

Capítulo IV

Cómo descubrir el amor incondicional de Dios que se oculta tras el misterioso velo de la creación

———◆———

Ningún hombre ni profeta alguno será capaz de erradicar todas las desigualdades y divisiones que existen sobre la Tierra. Pero cuando te encuentres en la conciencia de Dios, tales diferencias se desvanecerán y tú afirmarás:

Dulce es vivir; morir, un sueño,
  al fluir tu canción en mí.

Selecciones de conferencias que impartió Paramahansa Yogananda.

Dulce es gozar; sufrir, un sueño,
  al fluir tu canción en mí.
Dulce es la salud; la enfermedad, un sueño,
  al fluir tu canción en mí.
Dulce es el elogio; la acusación, un sueño,
  al fluir tu canción en mí.[1]

Ésta es la filosofía más elevada. Nada temas. Incluso si en la tormenta te ves azotado por las olas, aun así permaneces en el regazo del océano. Aférrate siempre al pensamiento de Dios y a su omnipresencia. Mantén la serenidad mental y afirma: «Soy valeroso; estoy hecho de la sustancia de Dios. Soy una chispa del Fuego del Espíritu. Soy un átomo de la Llama Cósmica. Soy una célula del vasto cuerpo universal del Padre. "El Padre y yo somos Uno"».

———◆———

Utiliza toda la fuerza de tu alma para encontrar a Dios. [...] La cortina de humo del engaño

[1] Estas líneas corresponden a un canto que figura en el libro de Paramahansa Yogananda, *Cosmic Chants*, que publica *Self-Realization Fellowship*.

se ha interpuesto entre nosotros y Dios. Él lamenta que le hayamos perdido de vista, y le duele ver cuánto sufren sus hijos, al morir víctimas de las bombas, o de terribles enfermedades y de erróneos hábitos de vida. Dios lo deplora, porque nos ama y desea que regresemos a Él. ¡Si sólo hicieras cada noche el esfuerzo de meditar y permanecer en su compañía! Él se preocupa tanto por ti y no te desampara. Eres tú quien ha abandonado tu verdadero Ser. [...] Dios jamás te es indiferente.

El único propósito de la creación es obligarte a resolver su misterio y a percibir a Dios, quien se encuentra en el fondo de todo. Él desea que olvides todo lo demás y que sólo le busques a Él. Una vez que hayas encontrado refugio en el Señor, no existirá conciencia de la vida y de la muerte como realidades. Entonces, verás todas las dualidades como los sueños que suceden mientras duermes, que van y vienen en la eterna existencia de Dios. No olvides este sermón, un sermón que Él te ofrece a través de mi voz. ¡No lo olvides! Él dice:

«Yo estoy tan indefenso como tú, porque yo, en la forma de tu alma, estoy atado al cuerpo contigo. A menos que redimas tu Ser, permaneceré aprisionado contigo. No te demores más, arrastrándote en el fango del sufrimiento y la ignorancia. ¡Ven! ¡Báñate en mi luz!».

—◆—

El Señor desea que escapemos de este mundo engañoso. Él llora por nosotros, porque sabe cuán arduo nos resulta alcanzar la salvación. Pero tú sólo tienes que recordar que eres su hijo. No te compadezcas de ti mismo. Dios te ama tanto como a Jesús y a Krishna. Debes buscar su amor, porque éste abarca la libertad eterna, el gozo sin fin y la inmortalidad.

—◆—

Más allá de las sombras mismas de esta vida, se encuentra la maravillosa luz de Dios. El universo entero es un vasto templo de su presencia. Cuando medites, encontrarás por doquier puertas que se abren conduciéndote hacia Él. Cuando comulgues con Dios, ni todas las calamidades del mundo podrán arrebatarte el Gozo y la Paz que se experimentan al estar en comunión con Él.

Reseña del autor

PARAMAHANSA YOGANANDA (1893-1952) es mundialmente reconocido como una de las personalidades espirituales más ilustres de nuestro tiempo. Nació en el norte de la India y en 1920 se radicó en Estados Unidos, donde enseñó, durante más de treinta años, la antigua ciencia de la meditación —originaria de su tierra natal— y divulgó el arte de vivir la vida espiritual en forma equilibrada. A través de la célebre historia de su vida, *Autobiografía de un yogui*, así como también por medio del resto de sus numerosos libros, él ha dado a conocer a millones de lectores la perenne sabiduría de Oriente. *Self-Realization Fellowship* —la sociedad internacional que Paramahansa Yogananda fundó en 1920 con el fin de diseminar sus enseñanzas en todo el mundo— continúa llevando a cabo su obra espiritual y humanitaria bajo la dirección de Sri Daya Mata, una de sus más antiguas y cercanas discípulas.

Otras obras de Paramahansa Yogananda

*Estas publicaciones se pueden adquirir en diversas librerías
o solicitar directamente al editor
(www.yogananda-srf.org)*

Autobiografía de un yogui

Charlas y ensayos:
Volumen I: La búsqueda eterna
Volumen II: El Amante Cósmico

Afirmaciones científicas para la curación

Cómo conversar con Dios

Donde brilla la luz: *Sabiduría e inspiración
para afrontar los desafíos de la vida*

En el santuario del alma: *Cómo orar
para obtener la respuesta divina*

La ciencia de la religión

La ley del éxito

Vive sin miedo: *Despierta la fuerza interior de tu alma*

La paz interior: *El arte de ser calmadamente activo
y activamente calmado*

Máximas de Paramahansa Yogananda

Meditaciones metafísicas

Susurros de la Madre Eterna

Lecciones de Self-Realization Fellowship

Las técnicas científicas de meditación que enseñó Paramahansa Yogananda —entre las que se incluye *Kriya Yoga*—, así como su guía sobre la manera de llevar una vida espiritual equilibrada, se describen en las *Lecciones de Self-Realization Fellowship*. Si desea recibir mayor información al respecto, sírvase solicitar el folleto gratuito *Un mundo de posibilidades jamás soñadas*.

SELF-REALIZATION FELLOWSHIP
3880 San Rafael Avenue • Los Angeles, CA 90065-3298, EE.UU.
Tel.: (323) 225-2471 • Fax: (323) 225-5088
www.yogananda-srf.org